LA NAVARRE
ET L'ESPAGNE,

OU

VÉRITABLE NATURE

DE LA QUESTION DÉBATTUE PAR LES ARMES

DANS LA PÉNINSULE IBÉRIQUE,

ET

SOLUTION POSSIBLE

DES DIFFICULTÉS QU'ELLE PRÉSENTE.

Cuique suum.

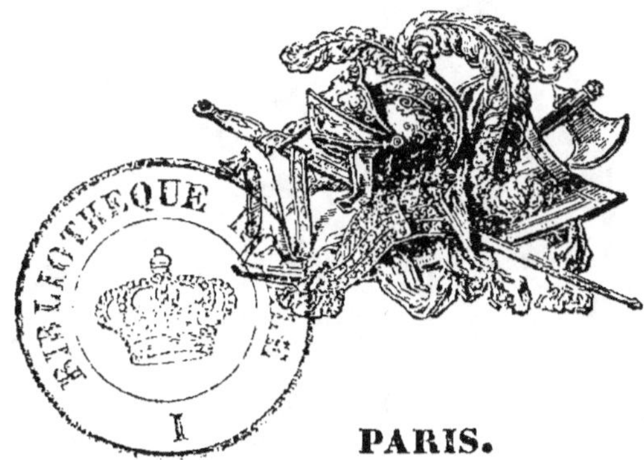

PARIS.

DEBÉCOURT, LIBRAIRE, RUE DES SAINTS-PÈRES, 69.

AU PROFIT DES SALLES D'ASYLE.

JUIN 1836.

NANCY, IMPRIMERIE DE V.ᵉ HISSETTE.

LA NAVARRE ET L'ESPAGNE,

OU

VÉRITABLE NATURE

DE LA QUESTION DÉBATTUE PAR LES ARMES

DANS LA PÉNINSULE IBÉRIQUE.

————————

A M. LE RÉDACTEUR DE L'*UNIVERS RELIGIEUX*.

***, le 16 Juin 1836.

MONSIEUR,

On a beaucoup écrit sur la lutte que soutient don Carlos contre la reine Isabelle; on a diversement jugé la position politique et militaire de ce prince. Suivant les opinions des journalistes, on lui a prophétisé un plein succès ou un prompt revers, qui ne se sont réalisés ni l'un ni l'autre. Personne encore, peut-être, n'a vu la question avec sang-froid et justesse, ou du moins ne l'a fait ainsi comprendre au public. Personne n'a signalé, ce me semble, le vrai caractère de cette guerre, et n'a indiqué le seul moyen efficace qui existe d'y mettre un terme.

A la mort du roi Ferdinand, le nombre était fort grand, sans doute, des Espagnols qui désiraient, avec raison, dans les affaires publiques, des améliorations et des réformes; mais le parti libéral ou philosophe proprement dit, — celui qui, sous prétexte de corriger, veut détruire, — ne formait encore qu'une coterie bruyante, d'assez peu d'importance réelle. Ambitieux et rusé, il a su prendre depuis lors d'énormes accroissements, en exploitant le nom de deux reines, demeurées seules maîtresses de la capitale; mais une femme, mais une fille au berceau, n'auraient jamais suffi à lui donner le prestige nécessaire, si don Carlos eût paru dans Madrid. Devant ce prince, homme assez ordinaire peut-être, mais loyal, mais courageux, mais dans la force et la maturité de l'âge, mais héritier mâle entouré d'enfants mâles, mais seul appelé par la loi salique, mais seul capable de commander aux Espagnols d'une manière non fictive.., les prétentions de régence féminine et de couronne enfantine se seraient évanouies comme des ombres. — Quelque route, à la vérité, qu'il eût prise, (soit en voulant résister de front aux exigences du Mouvement, soit en y cédant en partie, et préparant de sages transitions pour un futur régime de représentation nationale), son horizon, de part ou d'autre, demeurait chargé de nuages, et bien des périls auraient menacé son avenir. Souverain des Espagnes, il aurait eu à porter une couronne chanceuse et pesante. Mais, du moins, on aurait vu pour long-temps encore, au-delà des Pyrénées, le règne de l'épée chevaleresque l'emporter sur celui du cotillon; et la domination des hommes de cœur, d'action et de croyance, prévaloir sur celle des phrasiers, des sophistes et des théophobes.

Où était alors don Carlos? En Portugal. Pourquoi ne vint-il pas se montrer sur-le-champ? On répond que des ordres étaient donnés à la frontière pour tirer sur lui s'il y paraissait. Bel obstacle! Pareille menace devait-elle l'arrêter? arrêta-t-elle Napoléon aux Cent jours? Il fallait se présenter fièrement devant les lignes espagnoles, se laisser coucher en joue, et s'avancer, au risque de sa vie, en disant à ses compatriotes : « Je suis l'aîné des fils de vos rois, je viens vous délivrer des femmelettes. Me voici avec mes quatre enfants, qui seront un jour quatre soldats : tirez sur nous, si vous l'osez. »

Don Carlos ne la prit pas, cette résolution vigoureuse. Mal conseillé, il laissa passer des jours, des semaines, des mois ; il laissa s'organiser à Madrid un gouvernement, faible sans doute, mais unique et non contesté, auquel se virent obligés de prêter serment ceux qui en approuvaient le moins la naissance ; et s'il prit les armes pour revendiquer ses droits, ce fut long-temps après, lorsqu'on avait cessé de s'y attendre.

Retiré en Angleterre, il sort de cet asyle, il traverse incognito la France ; il se jette dans les fameuses *provincias vascongadas*, fières de leur noblesse millénaire et de leurs libertés immémoriales. L'Europe entière pousse un cri de surprise, et chacun fait ses conjectures. — Il va, dit-on être vaincu, chassé en un clin d'œil par les phalanges constitutionelles. — Il va, dit-on, refouler au contraire la révolution espagnole, et remonter sur le trône de son frère. — Double illusion.

Pour moi, qui connaissais les hommes et les lieux, les acteurs et le théâtre de cette guerre ; pour moi, Monsieur, sans hésiter et dès le premier jour, j'ai dit à tous venants : « Don Carlos vient de s'enfermer dans un cercle invincible mais inextensible ; il vient de se faire une position tout à la fois assurée et bornée. Avec les Basques pour soldats, il craindra peu la supériorité numérique de l'ennemi ; mais avec les Basques pour soldats, il n'en acquerra pas d'autres. Toutes les forces de l'Espagne viendront long-temps échouer contre cette poignée de héros à mœurs primitives ; mais ces héros primitifs resteront seuls, et ne se grossiront jamais d'une armée qui puisse soumettre l'Espagne. »

(6)

Ce que la théorie m'avait fait proclamer d'avance, l'expérience l'a maintenant confirmé. Quelque dévoués, quelque infatigables, quelque prodigieux en bravoure que soient les champions du prince, à peine entrent-ils dans les Castilles ou dans la basse Catalogne, que leur force électrique les abandonne, et qu'ils se trouvent de simples hommes, isolés dans la nudité de leur petit nombre, au milieu de populations ou hostiles ou indifférentes, dont le manque de sympathie les oblige bientôt à reculer. Mais qu'à leur tour, jugeant du pays basque par le reste de la Péninsule, les troupes de Christine veuillent poursuivre don Carlos sur le sol sacré des Euscaldes.., tout les y trompe, tout les y abandonne, tout les y frappe de terreur. L'Euscarie donne à ses enfants une puissance magique, une vigueur, une intelligence, une valeur foudroyante, en face de laquelle les Espagnols les plus aguerris s'étonnent et n'osent tenir pied.—Quelques individus peuvent bien, dans les provinces au midi de l'Èbre, prendre intérêt aux succès des carlistes, se former même en guérillas; mais il n'y a pas là de solide espérance. De même, les Christinos peuvent bien avoir des partisans dans quelques-unes des vallées adossées à la chaîne du nord, mais il ne faut voir là que des anomalies sans importance.—Au fait, ce ne sont pas uniquement deux *systèmes*, ce sont deux *races* qui se trouvent en présence. Deux centres royaux s'étant formés, à cent vingt lieues l'un de l'autre, ils ont respectivement attiré et fait passer à l'état d'organisme autour eux, chacun la race au milieu de laquelle il est venu se placer. Or, en ne considérant que les masses et négligeant les exceptions, nous pouvons tracer la limite précise de l'action de ces deux foyers : tout ce qui parle la langue euscarienne est à don Carlos de cœur et d'âme, à la vie, à la mort; tout ce qui parle soit catalan, soit castillan, lui échappe, et désormais, content ou mécontent d'Isabelle, ne la quittera plus.., sinon peut-être pour tomber, quoique avec regret, dans la république.

En voyant cet état de choses (qui se tourne en guerre à mort, faute d'une séparation devenue nécessaire), on est profondément peiné d'un série de malheurs affreux, dont le terme, en toute hypothèse de batailles gagnées ou perdues, est encore bien éloigné, si l'on ne change pas de but, et si chacun des deux partis, espérant subjuguer le parti rival, continue à vouloir obtenir un triomphe absolu. — D'une part, en effet, il est entièrement certain que don Carlos ne poussera jamais ses victoires jusqu'à Madrid, et que, pût-il même y entrer un moment, il en serait bientôt expulsé, n'ayant tout au plus exercé qu'une compression momentanée sur la fièvre révolutionnaire, trop bien déclarée maintenant en Espagne pour ne pas y prendre ses développements jusqu'au bout. — D'autre part, il n'y a guère moins d'impossibilité à une victoire définitive des constitutionnels dans le nord de la Péninsule, du moins tant que vivra la génération présente : on peut en juger par le peu de succès qu'ils ont obtenu jusqu'ici, malgré l'avantage du nombre, malgré la possession des places fortes, et malgré les secours de tout genre que leur fournit l'active protection de la France et de l'Angleterre. Avec tant de moyens de réussite, si leurs triomphes ont été si faibles, c'est que la population basque toute entière a non seulement tiré l'épée, mais jeté le fourreau ; c'est que, dans sa pureté, dans son énergie native, elle ne pourra jamais se soumettre au bavardage philosophistique des Voltairiens des cortès ; c'est qu'avant de faire régner sur les vallées qu'elle habite, un sceptre féminin qui, malgré quelques restes de bonnes intentious, ne représente plus guère à Madrid que la haine de Dieu, que la convoitise des richesses et la licence de tous les plaisirs défendus.., il faut la dénaturer ou la détruire, la corrompre ou l'exterminer.

Un spectacle déplorable, et qui révolte l'instinct de la générosité naturelle, afflige en ce moment les hommes justes et les hommes sensibles. C'est le même qui leur fut donné il y a dix ans devant Missolonghi : celui d'une résistance touchante et sublime que tout concourt à écraser; d'une résistance où la valeur et la vertu balanceraient encore par leurs prodiges l'énorme supériorité du nombre, si les puissances de ce monde, neutres en apparence dans la lutte, ne venaient bravement, sous main, prêter secours à ceux qui en ont le moins besoin, fournir des armes aux plus forts et les arracher aux plus faibles. Ce n'est pas assez que les provinces espagnoles, comparées aux provinces euscariennes, puissent fournir des bataillons décuples : on s'évertue, sous forme indirecte, à favoriser toutes les attaques dirigées contre les Basques; on envoie, pour recruter leurs ennemis, tous les routiers et cottereaux de l'Europe; tandis qu'à eux on interdit toute assistance, non seulement en retenant prisonniers les amis qui voudraient les joindre, mais en arrêtant au passage la poudre même et les baïonnettes, dont ils auraient besoin pour vendre chèrement leur vie; et s'ils parviennent à réunir assez de pièces de canon pour former une pauvre batterie de siége.., on ne rougit pas d'abuser de l'impunité qu'assure la force, jusqu'au point de leur enlever cette unique ressource. Infidèle gardien du champ-clos, on ne leur laisse que la chance de tomber victimes un peu *plus tôt* ou *plus tard :* on se repaît de leur bravoure surhumaine comme d'un objet de curiosité; et, pareils à des malheureux livrés aux bêtes dans l'amphitéâtre, on veut bien leur permettre de *combattre*, mais à condition pour eux de *succomber*. Le cœur saigne, à voir une petite nation s'épuiser en effort héroïques, qui ne peuvent la conduire à rien, puisqu'à peine se relève-t-elle par des prouesses inouies, qu'on lui arrache, un à un, des résultats conquis au prix du plus pur de son sang. Aussi l'indignation est-elle générale à Bayonne, où l'on voit de près cette infamie; et j'y connais d'honnêtes gens, très-modérés, très-soumis à l'ordre actuel, très-éloignés d'un sentiment hostile pour le drapeau tricolore, qui frémissent, en se mordant les poings, d'une partialité si lâche, et qui rougissent jusqu'au blanc des yeux, pour l'honneur français, du personnage machiavélique et cruel que notre pays joue là-dedans.

Ah! laissant de côté l'hypocrite réserve d'une neutralité dont on craint si peu de se départir, et qui ne fait que tendre un piége aux faibles et rendre leur agonie plus lente, ne vaudrait-il pas mieux les accabler tout de suite par une intervention directe? Alors, au moins, la question serait décidée. Lorsque cent mille soldats français auraient franchi les Pyrénées, pour donner enfin la victoire à ceux *qui ont trop de peine à la prendre, n'étant encore que dix contre un...*, alors les derniers rejetons des Cantabres pourraient sans honte cesser de se défendre, et dire, en se voilant la tête : « C'en est fait ! Il doit suffire à notre gloire d'avoir disputé contre toutes les Espagnes l'indépendance de l'Euscarie, et maintenu pour le moins égale la balance des combats, jusqu'au jour où l'épée des Gaulois est venue y tomber, de tout son poids, dans le plateau de la servitude. »

Mais quoi! n'y a-t-il pas pour nous une position plus convenable encore à choisir, une action plus noble à exercer que cette intervention, même complette et franche, en faveur de Christine?— Oui certes; il existe un beau rôle qui pourrait nous appartenir.., et un rôle qui serait digne de tenter la sagesse du roi des Français, car il n'aurait rien d'incompatible avec les nouveaux intérêts politiques que nous a créés la crise de 1830.

Quand des dissentiments profonds et durables, quand des différences essentielles de mœurs, établissent entre des masses belligérantes une barrière que la victoire la plus entière ne suffirait pas pour abattre, quelle est la meilleure solution par où puissent se terminer les grands procès que la guerre n'a pas applanis? — Un partage de territoire entre les deux principes.

Ce fut au 17.ᵉ siècle, le secret de la paix de Westphalie, entre les catholiques et les protestants. Ça été ainsi, de nos jours, que l'effusion du sang s'est arrêtée deux fois, grâce à des tiers conciliateurs qui sont venus tirer une ligne de démarcation : dans l'Orient, entre les Turcs et les Grecs; dans le Nord, entre les Hollandais et les Belges. — La même chose pourrait ici se faire, *et avep le même succès;* car don Carlos est le roi des Basques, comme Isabelle est la reine des Espagnols.

Observez, Monsieur, que le royaume à instituer ne serait pas même nouveau. Célèbre à jamais dans l'histoire, et bien connu encore par son nom, qui reste celui d'une vice-royauté, il n'est autre chose que la NAVARRE. C'est en effet de la couronne de Navarre que les Basques se sont toujours reconnus les nobles et libres sujets; et maintenant ils n'ont pas cessé de penser ainsi, comme on le voit par ce début de l'une de leurs chansons de guerre :

> Nafartarren arraça
> Hil-da, edo lo-datça?

« La race des Navarrais est-elle morte, ou n'est-elle
» qu'endormie? »

Seulement, par des raisons faciles à sentir, il y aurait convenance à ce que le territoire placé sous la domination de don Carlos, et dont les deux capitales naturelles seraient Pampelune et Vittoria, s'appelât désormais *royaume basco-navarrais*, comme l'on dit *royaume lombardo-vénitien*.

A partir de l'établissement de cette grande et claire division (dont un arbitrage bienveillant se chargerait de tracer la ligne géographique), il serait accordé un an de liberté réciproque, pendant lequel les habitants des deux nouvelles monarchies hispaniques pourraient opter à leur gré, et devenir citoyens de l'une ou de l'autre, en se transportant sur le territoire où règnerait le principe qui leur plairait davantage. Passé cette année de grâce, laissée toute entière à l'exercice des attractions et des répulsions naturelles, la faculté du choix cesserait, et chacun demeurerait sujet du royaume une fois préféré.

Ainsi, les convictions ou trop fortement religieuses ou trop fortement monarchiques pour pouvoir se résigner à l'état pénible de désordre par où doit passer, pendant une époque plus ou moins longue, l'Espagne constitutionelle, se retireraient dans les provinces basques, sous la protection d'un trône qui répondrait à leurs sentiments et à leurs besoins. Le nombre de ces familles émigrantes ne serait pas, du reste, si grand qu'on l'imagine, parce que la liberté d'option suffirait pour calmer beaucoup d'esprits, qui, satisfaits de la possibilité seule, hésiteraient, par bien des considérations de détail, à en venir jusqu'à l'acte.

De même, les libéraux ou négros de Pampelune et des autres villes destinées à faire partie du royaume de don Carlos, seraient maîtres d'échapper au sceptre de ce prince, et d'aller chercher au midi de l'Èbre un gouvernement analogue à leurs idées. Mais il est aisé de prévoir qu'à l'exception des plus compromis, assez peu d'entre eux useraient de cette faculté, parce que l'établissement, dans le voisinage des Pyrénées, d'une nationalité distincte, avec les avantages que procure le séjour d'une cour, l'emporter it sur leurs préjugés haineux, en flattant et leur amour-propre de Navarrais, et leurs intérêts de spéculateurs.

A la scission amiable dont il s'agit, TOUT LE MONDE GAGNERAIT; tout le monde, Monsieur, hormis les égorgeurs et les intrigants; hormis peut-être aussi les fous exaltés des deux bords.

Don Carlos renoncerait, il est vrai, à l'espérance de soumettre Madrid; mais, dès à présent, cette espérance est illusoire. En revanche, il entrerait dans les places murées d'un pays dont il ne possède que les villes ouvertes et les campagnes; il acquerrait une couronne assurée pour lui et ses enfants.

Christine et sa fille Isabelle y verraient la leur s'affermir aussi. En sacrifiant dans le nord quelques provinces hétérogènes, dont leur royaume n'a pas besoin, elles échapperaient aux embarras de la guerre, contre un rival dont la petite armée est aussi dévouée qu'intrépide.., et surtout au péril de la république, beaucoup plus menaçant pour leur pouvoir.

Qui ne sait, en effet, Monsieur, que la principale cause des excès des partis réside dans la crainte démesurée qu'ils éprouvent les uns des autres! Rien n'est si violent que la défiance, et si féroce que la peur. C'est à l'aide de l'effroi inspiré aux préjugés libéraux par l'appréhension d'un retour victorieux de don Carlos, que les agitateurs, les chefs de clubs espagnols acquièrent de jour en jour plus d'ascendant, et qu'ils sont déjà parvenus à faire commettre mille horreurs. La domination royale que l'on concéderait à ce prince sur une contrée de peu d'étendue, et pour laquelle il renoncerait à de plus amples prétentions, ne tournerait donc pas uniquement à l'avantage de ses partisans, mais aussi à celui de ses adversaires. Au moyen d'une absence d'inquiétudes ainsi obtenue, les réformes, qui sont l'objet ou le prétexte de la révolution à Madrid, s'avanceraient d'une manière plus égale et plus sûre, moins tyraniques parce qu'elles seraient moins contestées ; et les amis modérés et judicieux de cette révolution (car enfin, elle en a de tels), reprenant sur les septembriseurs de leur pays un ascendant qui leur échappe, pourraient la conduire à son terme dans l'espace de peu d'années, et parvenir à la dépouiller de son caractère immoral et de la plupart de ses inconvénients.

Quant à la France, elle y gagnerait, avec la paix sur sa frontière, l'estime des héroïques Euscaldes, au lieu de la malédiction de leur bouche mourante. Elle y gagnerait de quitter un rôle de duplicité qui sied mal à sa franchise ordinaire, et de lâcheté qui répugne à ses mœurs généreuses. Elle y gagnerait de cesser, envers des malheureux que déjà le nombre accable, une persécution sourde et perfide dont l'honneur et l'humanité s'indignent ; de ne plus exiger enfin, de ses fonctionnaires et de ses guerriers, qu'ils fassent, contre les Basques, le métier qu'elle a tant blâmé que l'on fît contre les Grecs et les Polonais : celui de témoins complaisants, d'arbitres iniques, spectateurs apparents mais complices réels des bourreaux.

Le Gouvernement craint sans doute que la Basco-Navarre, une fois érigée en état indépendant, ne devienne à nos portes un foyer d'intrigues contre lui, un point de départ et d'appui pour des menées futures du légitimisme français : c'est une appréhension très-mal fondée. Quelque préférence que puisse avoir eue don Carlos pour une branche royale au lieu d'une autre, ou quelques justes égards qu'il puisse témoigner pour l'opinion d'officiers qui sont venus servir sa cause, et qui ont eux-mêmes cette prédilection, il ne faut pas s'exagérer l'influence de considérations sentimentales qui disparaîtraient devant des avantages positifs, sérieux et majeurs. La paisible possession du sceptre, au milieu de populations fidèles qu'il aime et dont il est aimé; cette possession, non contestée, serait d'un tel prix et pour lui et pour les provinces attachées à son sort, qu'il ne serait jamais assez fou, l'ayant une fois obtenue, pour risquer volontairement de la perdre, en s'allant brouiller à plaisir avec le roi des Français. Il y a plus : le prince espagnol pourrait en venir avec ce monarque jusqu'à la gratitude, s'il finissait par voir, dans Louis-Philippe, l'homme qui lui aurait assuré une position souveraine, l'homme qui l'aurait fait reconnaître roi de Navarre par la quadruple alliance. Mais supposé que, du côté de don Carlos, les choses n'arrivassent jamais à ce point.., son intérêt, à défaut de ses affections, nous répondrait de sa conduite.

Moins choqué, d'ailleurs, qu'il serait de nos principes (bien adoucis aujourd'hui), que de l'exagération révolutionnaire de l'Espagne d'Isabelle, il préférerait à ses voisins du midi, qui chassent, dépouillent, ou mettent à mort les ministres de la religion, ses voisins du nord, qui leur donnent asyle; et l'on ne peut douter que ses rapports avec nous ne prissent un caractère non-seulement pacifique, mais satisfaisant et presque amical; d'autant plus que la rivalité des couronnes ibériques agirait puissamment en notre faveur. Entre le royaume constitutionnel d'Espagne et le royaume Basco-Navarrais, il s'établirait émulation de bienveillance à notre égard; et ce serait à qui des deux nous offrirait les plus belles conditions, soit diplomatiques soit commerciales.

Reste donc, Monsieur, l'Angleterre seule, qui pourrait voir d'un peu mauvais œil l'heureuse transaction dont le plan vient d'être exposé. Encore serait-ce pour elle plutôt affaire de préjugé que de véritable intérêt ; car, sauf les passions protestantes, auxquelles se trouverait ainsi refusée une occasion de nuire au principe catholique, on ne voit pas ce que perdrait la Grande-Bretagne à laisser régner don Carlos dans le cercle que nous avons tracé, et à ouvrir avec ce prince des relations de paix et de commerce. Elle s'est, à la vérité, plus avancée que nous, en fait d'hostilité contre les Basques ; mais il serait facile à la France, son alliée, de se porter médiatrice, et de ménager quelque retraite honorable à l'amour-propre anglais compromis.

Ce haut arbitrage, je le répète, nous appartient naturellement ; toutes sortes de convenances le défèrent à notre belle patrie, placée en attitude de l'exercer avec dignité pour elle et profit pour tout le monde. Il ferait honneur à la royauté de juillet, lui concilierait les suffrages de beaucoup d'hommes de poids, justifierait les éloges qu'on lui donne de modération et d'habileté, et contribuerait puissamment à lui faire acquérir, en Europe, un nouveau degré de cette considération qu'elle se montre, avec raison, désireuse de pouvoir joindre à sa force matérielle.

— « Combien de temps, va-t-on nous dire, subsisterait la nouvelle monarchie fondée au pied des Pyrénées? Égalerait-elle en durée l'antique couronne des Sanche et des Garcias? » — Cela n'est ni sûr, ni même probable ; mais qu'importe? La Belgique, considérée comme état séparé de la France et de la Hollande, n'existera peut-être plus dans cent ans ; et cependant, son érection en royaume a été un véritable bienfait, un moyen merveilleux d'arrêter le cours des haines et l'effusion du sang, en donnant à la fois satisfaction à des besoins opposés. Autant en arriverait-il par l'établissement de la Basco-Navarre. — Que si, dans un siècle d'ici, les opinions et les mœurs venaient à se trouver assez changées pour que rien ne distinguât plus les Euscaldes d'avec les Espagnols, et pour que les habitants d'Oyarzun et d'Elisondo mourussent d'envie de se confondre avec ceux de Madrid.., il serait temps d'aviser à d'autres combinaisons. Dans tous les cas, les partis acharnés n'auraient pas moins joui jusque-là, dans la Péninsule, d'une paix que leur séparation territoriale aurait seule rendue possible. — Pourquoi donc repousser des traités utiles, sous prétexte qu'ils ne seront pas éternels? A chaque époque ses passions, à chaque passion ses remèdes. Dans l'incertitude d'un avenir éloigné, c'est quelque chose que de parer aux maux présents, aux maux prochains; et des politiques sages, des négociateurs hommes de bien, ne pensent pas *n'avoir rien fait*, lorsqu'au prix d'habiles efforts et par quelque arrangement judicieux, ils ont pu assurer le repos et le bonheur d'un pays *pour une ou deux générations.*

G. D.

91